मन की मन ही माहे रही

आदित्य पारीक

Made with ♥ on the Notion Press Platform
www.notionpress.com

उन सभी लोगों को,
जो अपने मन की अनकही आवाज़ के साथ जी रहे हैं —
पर जिनके भीतर वह आवाज़ अब भी जीवित है।
यह पुस्तक आप सबको समर्पित है।

क्रम-सूची

लेखक की ओर से

हम सबके भीतर एक आवाज़ है। कभी वो धीरे से फुसफुसाती है, कभी चीखती है, और कभी बस चुपचाप हमारे दिल पर दस्तक देती है। अफ़सोस, ज़िंदगी की भाग-दौड़, ज़िम्मेदारियाँ और समाज की उम्मीदें हमें इतना घेर लेती हैं कि हम अक्सर उस आवाज़ को अनसुना कर देते हैं। हम करियर, परिवार और रिश्तों की दौड़ में उलझकर "मैं कौन हूँ?" और "मैं क्या चाहता हूँ?" जैसे सवाल पीछे छोड़ देते हैं। यही तो वजह है कि लाखों लोग बाहर से सफल दिखते हैं, पर भीतर से एक खालीपन और बेचैनी महसूस करते हैं।

यह किताब किसी फिलॉसफी का भारी-भरकम भाषण नहीं है, न ही किसी मोटिवेशनल स्पीकर की लाउड टॉक। यह एक आईना है, जिसमें आप खुद को देख पाएँगे। यह उन अधूरी बातों, दबी इच्छाओं और अनसुनी आवाज़ों की दास्तान है, जो हमारे मन के भीतर पलती हैं।

यह किताब किसके लिए है?

यह किताब उनके लिए है जो ज़िंदगी की दौड़ में कहीं खो गए हैं और फिर से खुद को पाना चाहते हैं। यह उनके लिए है जिनके मन में बहुत कुछ है, पर कहने की हिम्मत नहीं है। यह उनके लिए है जिन्हें लगता है कि उनके रिश्ते, उनका करियर और उनकी पसंद—सब कुछ ठीक होते हुए भी अंदर एक कमी है। और उनके लिए भी, जो बदलाव चाहते हैं, पर डर, समाज या जिम्मेदारियों की वजह से कदम नहीं उठा पाते।

इस किताब का सफ़र

यह किताब तीन भाग एवम आठ अध्यायों में बँटी है।

भाग एक : भीतर की पहचान - अध्याय 1-3: हम मन की आवाज़ को पहचानेंगे, डर की दीवारों को समझेंगे और जानेंगे कि कैसे अधूरी इच्छाएँ बोझ बन जाती हैं। यह आपकी भीतरी यात्रा की शुरुआत है।

भाग दो : भीतर से बाहर की यात्रा - अध्याय 4-6: हम जानेंगे कि कैसे छोटे-छोटे कदम उठाकर और संतुलन बनाकर हम अपनी भीतरी आवाज़ को जीना शुरू कर सकते हैं। यह हिस्सा एक्शन और बदलाव पर केंद्रित है।

भाग तीन : संतुलन और पूर्णता - अध्याय 7-8: अंतिम अध्याय आपको जीवन में पूर्णता और कृतज्ञता का अनुभव करने का रास्ता दिखाएगा, ताकि आपकी मन की यात्रा अधूरी न रहे।

मेरी उम्मीद

यह किताब कोई "वन-वे टॉक" नहीं है। मेरी उम्मीद है कि आप इसे पढ़ते हुए सिर्फ पन्ने न पलटें, बल्कि अपने बारे में सोचें, अपने मन से सवाल करें, और हर अध्याय के बाद दिए गए छोटे-छोटे अभ्यासों को ईमानदारी से करें। क्योंकि इस किताब का असर तभी होगा जब आप इसे सिर्फ पढ़ेंगे नहीं, बल्कि महसूस करेंगे और अपनी ज़िंदगी में इसे उतारेंगे।

भाग एक : भीतर की पहचान

1

मन की आवाज़ को पहचानना

प्रस्तावना

कभी आपने गौर किया है कि भीड़-भाड़, शोर-शराबे और ज़िम्मेदारियों के बीच भी एक भीतर की खामोशी होती है? वो खामोशी हमें पुकारती है — कभी सवाल बनकर, कभी बेचैनी बनकर, कभी किसी अधूरी इच्छा का बोझ बनकर। मन की आवाज़ हमेशा मौजूद होती है। वो हमें सही और ग़लत का, आराम और असुविधा का, अपनापन और दूरी का एहसास कराती रहती है। लेकिन अधिकतर लोग इस आवाज़ को सुनना ही भूल जाते हैं।

क्यों? क्योंकि समाज ने हमें यही सिखाया है — "दिल की मत सुनो, दिमाग से काम लो।" दिमाग़ की आवाज़ सुरक्षित होती है, लेकिन दिल की आवाज़ सच्ची होती है।

जो लोग अपने मन की सुन पाते हैं, वही आगे चलकर अपने जीवन को नया अर्थ देते हैं। बाक़ी लोग... बस एक तयशुदा रास्ते पर चलते रहते हैं, जैसे भीड़ में बहता हुआ पानी। और मन की मन ही माहे तभी रहती है जब हम अपनी ही भीतरी आवाज़ को सुनना भूल जाते हैं।

यह अध्याय हमें याद दिलाता है कि ज़िंदगी का पहला सच है — उस अनकही आवाज़ को पहचानना, पर यहां सवाल यह भी है कि —

क्या हम उस आवाज़ को सुनने का साहस रखते हैं?

क्या हम उसके इशारों पर चलने की तैयारी रखते हैं?

भीतर की फुसफुसाहट

मन की आवाज़ अक्सर शोर मचाकर नहीं आती।

वो धीरे-धीरे, कोमल फुसफुसाहट की तरह आती है।

जब कोई काम करते हुए अचानक मन कहे, "ये मैं क्यों कर रहा हूँ? क्या मैं सच में इसे चाहता हूँ?" जब हम किसी रिश्ते में हों और भीतर से कोई कहे, "यहाँ कुछ अधूरा है, कुछ अनकहा है।" या फिर जब सब कुछ होते हुए भी दिल कहे, "फिर भी मैं खाली क्यों महसूस करता हूँ?" ये संकेत छोटे होते हैं, पर असली सच इन्हीं में छुपा होता है। लेकिन हम इन्हें इग्नोर करना सीख जाते हैं। क्योंकि हम डरते हैं कि अगर इस आवाज़ को सच मान लिया तो शायद हमें ज़िंदगी में बहुत कुछ बदलना पड़ेगा और बदलाव से बड़ा डर और कोई नहीं।

बचपन में हम कितने साफ़ होते हैं। अगर किसी बच्चे से पूछो कि उसे क्या अच्छा लगता है, तो वो तुरंत बता देगा — "मुझे खेलना अच्छा लगता है", "मुझे गाना पसंद है।"

लेकिन जैसे-जैसे हम बड़े होते हैं, समाज के दबाव, परिवार की उम्मीदें और "लोग क्या कहेंगे" हमारी सच्चाई पर परतें चढ़ा देते हैं। धीरे-धीरे वो मासूम फुसफुसाहट खो जाती है।

असल में भीतर की फुसफुसाहट ही हमारी असली पहचान है। वो हमें बताती है कि हम कौन हैं और हमें किस ओर जाना चाहिए। उसकी अनदेखी करना, अपने ही दिल के साथ धोखा करने जैसा है।

क्यों दबाते हैं हम अपनी आवाज़?

1. समाज का दबाव

हमें बचपन से ये सिखाया जाता है कि सफलता वही है जो दुनिया परिभाषित करती है। अगर सब इंजीनियर बन रहे हैं तो हमें भी बनना चाहिए। अगर शादी का एक तयशुदा समय है, तो उसी में करनी होगी और अगर हम इस पैटर्न से हटकर सोचें, तो तुरंत सवाल उठता है — "लोग क्या कहेंगे?"

2. असफलता का डर

मन कहता है कि "कुछ नया करो", लेकिन डर कहता है — "अगर हार गए तो?" इसी डर से हम शुरुआत ही नहीं करते।

3. सुरक्षा की आदत

हमें उस रास्ते पर चलना आसान लगता है जो सुरक्षित है, लेकिन सुरक्षित रास्ता अक्सर हमें अधूरा छोड़ देता है।

4. संस्कार और आदतें (Conditioning)

पीढ़ी दर पीढ़ी हमें यही सिखाया जाता है कि "त्याग ही धर्म है। लेकिन क्या हर इच्छा को दबा देना सही है? कभी-कभी अपनी आवाज़ सुनना भी उतना ही ज़रूरी होता है जितना दूसरों की सेवा करना।

खालीपन और अपराधबोध (Guilt) का सच

जब हम अपने मन की आवाज़ नहीं सुनते, तो धीरे-धीरे भीतर एक खालीपन जन्म लेता है। बाहर से सब कुछ ठीक दिखता है — अच्छी नौकरी, घर, परिवार — लेकिन अंदर से लगता है कि जैसे कुछ खो गया हो। इसी से अपराधबोध भी पैदा होता है। मन बार-बार कहता है कि "तुम्हें ये नहीं करना चाहिए था" या "तुम्हें ये करना चाहिए था"। इस अपराधबोध का बोझ इंसान को और भी दबा देता है।

असली समस्या ये नहीं कि हमारे पास अवसर नहीं हैं। समस्या ये है कि हम अपने भीतर की पुकार को पहचान ही नहीं पाते। और अगर पहचान भी लें, तो उसे सुनने की हिम्मत नहीं जुटा पाते।

शुरुआत कहाँ से करें?

मन की आवाज़ सुनना किसी बड़े बदलाव से नहीं शुरू होता। ये छोटे-छोटे कदमों से शुरू होता है।

दिन के अंत में खुद से ईमानदारी से सवाल पूछें — "क्या आज मैंने वो किया जो मुझे सच में अच्छा लगा?"

खामोशी में बैठें - दिन में सिर्फ़ पाँच मिनट बिना मोबाइल, बिना किताब, बिना किसी व्यवधान (Distraction) के बैठें। उसी खामोशी में मन की सच्ची आवाज़ सुनाई देती है।

लिखें - जो भी विचार आए, लिख डालें। लिखने से मन की परतें खुलती हैं और असली सच सामने आता है।

छोटे-छोटे फैसले - हर बार बड़े बदलाव की ज़रूरत नहीं। कभी-कभी सिर्फ़ "ना" कहना ही मन की आवाज़ सुनना होता है।

एक कहानी

सुमित हमेशा से एक जिम्मेदार इंसान रहा। बचपन से ही उसने यही सीखा था कि "पहले दूसरों के बारे में सोचो, अपनी इच्छा बाद में।" पढ़ाई पूरी होते ही उसने नौकरी पकड़ ली। घर की ज़िम्मेदारियाँ थीं, माता-पिता की उम्मीदें थीं, और समाज की नज़रें भी। उसने कभी शिकायत नहीं की। जो करना था, करता गया। नौकरी ठीक थी, कमाई भी ठीक थी। बाहर से सब कुछ व्यवस्थित दिखता था। लेकिन अंदर कहीं एक थकान थी, जिसका कोई नाम नहीं था। कभी-कभी ऑफिस से लौटते वक्त उसका मन कहता — "क्या मैं सच में यही चाहता था?" पर वो तुरंत खुद को समझा देता — "सबकी ज़िंदगी ऐसी ही होती है, ज़्यादा सोचने का कोई फायदा नहीं।" धीरे-धीरे उसने अपने मन की आवाज़ को अनसुना करना सीख

लिया। जो अच्छा लगता था, उसे “समय की बर्बादी” कहकर टाल देता। जो सही नहीं लगता था, उसे “फर्ज़” कहकर करता रहता। साल बीतते गए। ज़िम्मेदारियाँ बढ़ीं, लेकिन भीतर का खालीपन भी बढ़ता गया।

एक दिन, अचानक ऑफिस में बहुत तनाव भरे दिन के बाद, वह देर तक चुप बैठा रहा। पहली बार उसने खुद से पूछा — “मैं कब से अपने मन की बात टालता जा रहा हूँ?” उस दिन उसने कोई बड़ी क्रांति नहीं की। बस इतना किया कि खुद को यह मान लिया — “मुझे हर समय मजबूत बनने की ज़रूरत नहीं, मुझे भी अपने लिए जीने का हक है।” उसने छोटे-छोटे बदलाव शुरू किए। जहाँ मन “ना” कहता, वहाँ “ना” कहना सीखा। जहाँ मन थक जाता, वहाँ आराम देना सीखा। जहाँ मन घुटता, वहाँ सच बोलना सीखा।

धीरे-धीरे सुमित ने महसूस किया कि मन की आवाज़ दुश्मन नहीं, रास्ता दिखाने वाली दोस्त है। वो उसे कहीं दूर नहीं ले गई — बस उसके अपने ही जीवन में, उसकी अपनी जगह पर वापस ले आई।

सुमित ने समझा —

मन की आवाज़ कभी मरती नहीं, बस इंतज़ार करती है... कि कब हम उसे सुनने की हिम्मत जुटाएँ।

निष्कर्ष

मन की आवाज़ को पहचानना आसान नहीं है। इसके लिए साहस चाहिए, धैर्य चाहिए और सबसे ज़्यादा — ईमानदारी चाहिए। ईमानदारी अपने आप से।

याद रखिए

अगर आप अपने मन की नहीं सुनेंगे, तो कोई और आपकी ज़िंदगी का रास्ता तय कर देगा। अगर आप अपने भीतर की पुकार को दबाएँगे, तो बाहर की सफलता भी अधूरी लगेगी और अगर आप साहस जुटाकर उस आवाज़ को सुनेंगे, तो जीवन का हर कदम आपको पूर्णता की ओर ले जाएगा।

मुख्य सीख

हर इंसान के भीतर एक मन की आवाज़ है, जो हमें हमारे असली स्व (self) से जोड़ती है, उसे दबाना जितना आसान है, सुनना उतना ही मुश्किल।

लेकिन जो लोग हिम्मत करके उसे सुनते हैं, वही सच में ज़िंदगी जीते हैं।

कार्य चरण/ अगला कदम

आज सिर्फ़ 15 मिनट निकालो और अपने आपसे ये दो सवाल लिखकर पूछो:

1. “अगर मुझे किसी की अपेक्षाएँ (expectations) पूरी नहीं करनी होतीं, तो मैं अपनी ज़िन्दगी कैसे जीता?”
2. “क्या चीज़ मुझे सच्ची खुशी देती है?”

याद रखो — जवाब शायद तुरंत न मिले, लेकिन सवाल पूछना ही पहला कदम है।

मनन-वाक्य

"मन की अनकही आवाज़ को दबाना आसान है,
मगर उसे सुन लेना — यही सबसे बड़ी हिम्मत है।"

अगले अध्याय की ओर संकेत

लेकिन मन की आवाज़ को पहचान लेना ही काफी नहीं है। असल चुनौती तब शुरू होती है, जब हमें उस आवाज़ पर चलने की हिम्मत जुटानी पड़ती है और वहाँ सामने आती है — डर की दीवारें।

2

डर की दीवारें

प्रस्तावना

मनुष्य का सबसे बड़ा कारागार अकसर बाहर नहीं होता, वह भीतर ही बसता है — डर के रूप में। डर अदृश्य है, पर उसकी पकड़ किसी लोहे की बेड़ी से कम नहीं। यह हमारे विचारों को बाँध लेता है, हमारी आवाज़ को दबा देता है और धीरे-धीरे हमारे सपनों को भीतर ही कैद कर देता है।

अजीब विडंबना है — मौत जीवन का अंत करती है, लेकिन डर अक्सर जीवन जीने से पहले ही उसे अधूरा कर देता है।

असल में डर सिर्फ़ बाहर से पैदा नहीं होता, वह भीतर भी पलता है। कभी वह बचपन के किसी अनुभव से जन्म लेता है, कभी किसी असफलता से, कभी दूसरों की हँसी से, तो कभी उस चुप्पी से जो हमें बार-बार यह अहसास कराती है कि — "मैं काफ़ी नहीं हूँ।"

यही कारण है कि बहुत-सी ज़िंदगियाँ अधूरी रह जाती हैं। मन में हज़ारों सपने पनपते हैं, लेकिन होंठ बंद रहते हैं। दिल बार-बार कहता है — "एक बार कोशिश तो करो," पर डर यह कहकर रोक देता है — "अगर हार गए तो? अगर सबने मज़ाक उड़ाया तो? अगर अपने ही दूर हो गए तो?"

डर हमें एक ऐसे पिंजरे में क़ैद कर देता है, जिसकी सलाख़ें दिखती नहीं, पर महसूस

हर वक़्त होती हैं और यही पिंजरा मन की आवाज़ को बाहर आने से रोक देता है।

लेकिन सच यह है — मन की आवाज़ कभी नहीं मरती, वह बस चुप हो जाती है। वह हमारी चुप्पी के नीचे, हमारे समझौतों के बीच, हमारी अधूरी रातों के अंधेरे में धीरे-धीरे धड़कती रहती है और जब तक हम उसे सुन नहीं लेते, तब तक जीवन अधूरा ही रहता है।

डर कैसे काम करता है

डर एक भाव नहीं, बल्कि एक रणनीति है। वह कभी सीधे सामने नहीं आता, बल्कि धीरे-धीरे भीतर जगह बना लेता है। उसकी कार्यप्रणाली बहुत सूक्ष्म होती है — इतनी सूक्ष्म कि हमें यह एहसास भी नहीं होता कि हम कब उसके कैदी बन गए।

1. विचारों पर हमला करता है
जब भी कोई नया अवसर आता है, मन कहता है — "शायद मैं कर सकता हूँ।"
लेकिन डर फुसफुसाता है — "अगर असफल हो गया तो?"
यह पहला बीज है, जो साहस को जन्म लेने से पहले ही काट देता है।

2. कल्पनाओं को बढ़ा-चढ़ाकर दिखाता है
डर हमें वास्तविक खतरा नहीं दिखाता, बल्कि संभावित शर्मिंदगी या असफलता की कल्पना को बड़ा बना देता है। सच में लोग हमें सुनने आते हैं, लेकिन डर हमें सिर्फ़ हँसी और आलोचना का दृश्य दिखाता है।

3. शरीर को नियंत्रित करता है
धड़कन तेज़ होना, पसीना आना, काँपना — यह सब डर की भाषा है। वह सामान्य परिस्थिति को भी युद्ध जैसा बना देता है।

4. सुरक्षा का धोखा देता है
डर कहता है — "जहाँ हो, वहीं सुरक्षित हो। नया मत करो।" बाहर से यह सुरक्षा लगती है, लेकिन भीतर यह सिर्फ़ ठहराव है।

5. आदत बन जाता है
बार-बार डर के आगे झुकना हमारी पहचान बना देता है। हम सोचने लगते हैं —

"मैं तो वैसा ही हूँ, मुझसे नहीं होगा।"
इस प्रकार डर बाहर से कभी दुश्मन की तरह नहीं आता, बल्कि भीतर बैठकर हमें ही हमारे ख़िलाफ़ खड़ा कर देता है।

डर के अलग-अलग चेहरे

डर कभी एक जैसा नहीं दिखता। वह अलग-अलग परिस्थितियों में अलग-अलग मुखौटे पहनता है, इसीलिए हमें लगता है कि यह डर नहीं, बल्कि "सावधानी" या "समझदारी" है।

1. असफलता का डर
डर का सबसे आम चेहरा। "अगर हार गए तो?" यही सोच हमें पहला कदम उठाने से रोक देती है। जबकि असफलता कभी अंत नहीं, सिर्फ़ सीख है।

2. लोगों की राय का डर
"लोग क्या कहेंगे?" यही सबसे बड़ा कैदख़ाना है। इस डर से हम अपनी असली पहचान खोकर नकली मुखौटे पहन लेते हैं।

3. खोने का डर
रिश्ते, नौकरी, इज़्ज़त या पैसा — कुछ भी खोने का डर हमें रोक देता है। लेकिन यही डर हमारी स्वतंत्रता छीन लेता है।

4. तुलना और हीनभावना का डर
दूसरों से तुलना हमें छोटा महसूस कराती है। धीरे-धीरे यह डर आत्म-संदेह हमारी क्षमता को दबा देता है।

5. सफलता का डर
कई बार लोग सफलता से भी डरते हैं। उन्हें लगता है — ज़िम्मेदारियाँ बढ़ जाएँगी, अपेक्षाएँ और बढ़ेंगी। इसीलिए वे अपने सपनों को छोटा कर लेते हैं।

ये चेहरे अलग दिखते हैं, लेकिन जड़ एक ही है — मन की सच्ची आवाज़ को दबाना।

कहानी — मन की आवाज़

अमित बचपन से ही लिखने का शौक़ीन था। कापी के आख़िरी पन्नों पर उसकी कहानियाँ चुपचाप जन्म लेतीं। दोस्तों ने कहा — "किताब क्यों नहीं लिखते?" उसके भीतर की आवाज़ भी बार-बार कहती — "हाँ, मुझे लिखना चाहिए।"

लेकिन डर हर बार सरसराहट की तरह आता — "लोग हँसेंगे", "किसी ने पढ़ा ही नहीं तो?", "तुम्हारी बातें किसी काम की नहीं।"

अमित लिखता तो था, पर उन पन्नों को दराज़ की अंधेरी तहों में छिपा देता। साल दर साल बीत गए। मन की आवाज़ नहीं मरी थी, वह अब भी दरवाज़े पर दस्तक देती रही। बस फ़र्क इतना था कि अमित के डर ने उस दरवाज़े को कसकर बंद कर रखा था।

मन की आवाज़ कभी नहीं मरती, वह केवल डर के बोझ तले खामोश हो जाती है।

निष्कर्ष

डर हमें बचाता नहीं, बस हमें अधूरा छोड़ देता है। अगर हम मन की सुनने की हिम्मत नहीं करेंगे, तो ज़िंदगी दूसरों की उम्मीदों में ही बीत जाएगी।

तो सवाल ये नहीं है कि डर है या नहीं — सवाल ये है कि आप डर के बावजूद अपनी आवाज़ सुनने की हिम्मत रखते हैं या नहीं।

याद रखो —

डर की दीवारें मजबूत हो सकती हैं, लेकिन मन की आवाज़ उससे कहीं ज़्यादा सच्ची और ताक़तवर है।

डर हमें सीमित करता है, जबकि जीवन का असली उद्देश्य विस्तार है। जो लोग डर के जाल में फँसकर जीते हैं, उनकी ज़िंदगी कभी उनकी अपनी नहीं होती।

"मन की मन ही माहे" तभी रहती है जब हम उस आवाज़ को सुनने की हिम्मत

नहीं करते।

मुख्य सीख

डर हमेशा हमें रोकने की कोशिश करेगा। लेकिन असली हिम्मत डर को पहचानकर भी आगे बढ़ने में है।

मन की आवाज़ डर से बड़ी है, बस हमें उस पर भरोसा करना है।

कार्य चरण/ अगला कदम

आज से एक छोटा अभ्यास शुरू कीजिए:

काग़ज़ पर लिखिए —

1. मुझे किस डर ने सबसे ज़्यादा रोका है?
2. अगर यह डर न होता, तो मैं अपनी ज़िंदगी में कौन-सा कदम उठाता?

इस सवाल का जवाब ही आपको दिशा देगा।

मनन-वाक्य

“डर दीवार है, और मन की आवाज़ उसका दरवाज़ा।
हिम्मत करो, और देखो ज़िंदगी कैसी बदलती है।”

अगले अध्याय की ओर संकेत

लेकिन डर सिर्फ़ भीतर ही नहीं होता, वो हमारे रिश्तों और समाज की अपेक्षाओं में भी छुपा रहता है। जब रिश्तों और समाज की चुप्पी हमारी आवाज़ को कैद कर लेती है, तब जन्म लेती है — मन की कैद।

3

मन की कैद: रिश्तों से समाज तक

प्रस्तावना

क्या आपने कभी गौर किया है कि सबसे ज़्यादा चुप्पी वहीं होती है, जहाँ हमें सबसे ज़्यादा खुलकर बोलना चाहिए? मनुष्य का अस्तित्व केवल 'मैं' तक सीमित नहीं है। हमारा जीवन रिश्तों, परिवार और समाज से जुड़ा हुआ है। हर दिन हम अपनी बातों, अपनी भावनाओं और अपने अनुभवों को किसी न किसी रूप में दूसरों तक पहुँचाना चाहते हैं।

लेकिन सच यह है कि सबसे ज़्यादा "मन की मन ही माहे रही" अक्सर यहीं होती है — उन रिश्तों और सामाजिक परिस्थितियों में, जहाँ हमें खुलकर बोलना चाहिए। पति-पत्नी के बीच अनकही बातें, माता-पिता और बच्चों के बीच छिपे हुए सवाल, दोस्तों और सहकर्मियों के बीच अधूरी चर्चाएँ — सब मिलकर एक अदृश्य दीवार खड़ी कर देते हैं। यह दीवार सिर्फ़ रिश्तों को कमज़ोर नहीं करती, बल्कि भीतर का व्यक्ति भी धीरे-धीरे अकेला पड़ने लगता है।

समाज के स्तर पर भी यही स्थिति है। हमारी संस्कृति में अक्सर सामूहिक अपेक्षाएँ इतनी मज़बूत होती हैं कि व्यक्तिगत आवाज़ दब जाती है। लोग अपने असली विचार, अपनी असहमति या अपने सपने व्यक्त नहीं कर पाते क्योंकि डर यह होता है — "लोग क्या कहेंगे?" परिणाम यह कि जीवन का बड़ा हिस्सा

समझौते और चुप्पी में बीत जाता है।

रिश्तों में मन की कैद

पति-पत्नी का रिश्ता सबसे गहरा माना जाता है, लेकिन अधिकतर झगड़े इसीलिए होते हैं क्योंकि हम अपनी सच्ची भावनाएँ एक-दूसरे से नहीं बाँट पाते। "अगर कह दिया तो नाराज़गी होगी", "अगर बोल दिया तो ताने सुनने पड़ेंगे"— ऐसे विचार हमें चुप करा देते हैं।

माता-पिता और बच्चों के बीच भी यही खामोशी देखी जाती है। बच्चा अपनी पसंद, अपने डर, अपनी तकलीफ़ या अपने सपने बताने में झिझकता है। उसे लगता है कि माता-पिता शायद समझेंगे नहीं या उनका गुस्सा ही मिलेगा। वहीं माता-पिता सोचते हैं कि बच्चा कच्चा है, उसे दुनिया का अनुभव नहीं है, इसलिए वे उसकी भावनाओं को गंभीरता से नहीं लेते। इस तरह दोनों तरफ़ की चुप्पी रिश्ते की असली गहराई को खोखला कर देती है।

कभी-कभी यह चुप्पी इतने बड़े रूप ले लेती है कि लोग एक ही छत के नीचे रहते हुए भी एक-दूसरे के अकेलेपन से अनजान रहते हैं। पति-पत्नी अपनी ज़िम्मेदारियों के बोझ में भावनाओं को अनकहा छोड़ देते हैं। बच्चे अपनी जिज्ञासाओं और सपनों को अंदर ही दबा देते हैं। और बुज़ुर्ग अपनी पीड़ा और अनुभवों को इसलिए नहीं कहते क्योंकि उन्हें लगता है कि अब उनकी बातों की किसी को परवाह ही नहीं।

यही है रिश्तों में मन की कैद — जहाँ लोग पास होकर भी दूर हो जाते हैं।

कहानी: राहुल और प्रिया

राहुल और प्रिया की शादी को 8 साल हो चुके थे। दोनों एक-दूसरे से प्यार करते थे, लेकिन उनके बीच संवाद की कमी थी।

प्रिया बार-बार महसूस करती थी कि राहुल उसके साथ समय नहीं बिताता, पर वह कह नहीं पाती। उसे डर था कि अगर उसने कहा, तो राहुल इसे शिकायत समझेगा। दूसरी ओर राहुल चाहता था कि प्रिया उसके काम के दबाव को समझे, लेकिन वह भी यह जताने से बचता था कि उसे भावनात्मक सहारे की ज़रूरत है।

नतीजा यह हुआ कि दोनों अपने-अपने मन की बात भीतर ही दबाते रहे। धीरे-धीरे उनके बीच एक खामोशी फैल गई, जो प्यार से ज़्यादा भारी हो गई। असल समस्या यह नहीं थी कि वे एक-दूसरे से दूर हो रहे थे, बल्कि यह कि उन्होंने कभी दिल खोलकर एक-दूसरे से अपनी सच्ची भावनाएँ साझा ही नहीं कीं।

समाज में मन की कैद

यह समस्या केवल व्यक्तिगत रिश्तों तक सीमित नहीं रहती। समाज के स्तर पर भी लोग अक्सर अपनी असली भावनाएँ और विचार दबा देते हैं, क्योंकि वहाँ भी "मन की मन ही माहे रही" बनी रहती है। हमारा समाज कई तरह की अनकही उम्मीदों, नियमों और दबावों से भरा है। युवा अपने करियर को लेकर, महिलाएँ अपनी आकांक्षाओं और संघर्षों को लेकर, बुज़ुर्ग अपने अनुभवों और राय को लेकर — हर कोई कहीं न कहीं चुप रहता है।

इसी दबाव को समझने के लिए अमन की कहानी देखिए।

कहानी: सपनों की कीमत

अमन बचपन से ही रसोई में ज़्यादा खुश रहता था। जब भी घर में कोई खास दिन होता, वो माँ के पास खड़ा होकर सब्ज़ियाँ काटता, मसाले पीसता और नए–नए स्वादों के साथ प्रयोग करता।

धीरे-धीरे उसे समझ आने लगा कि उसे खाना बनाना सिर्फ़ काम नहीं, सुकून देता है। जब वो रसोई में होता, उसका मन शांत रहता। उसे लगता जैसे वह कुछ बना नहीं रहा, बल्कि खुद को महसूस कर रहा है।

स्कूल में दोस्तों को जब पता चलता कि अमन को कुकिंग पसंद है, तो वे हँसते और कहते ये तो लड़कियों का काम है! अमन हँसकर टाल देता, लेकिन भीतर ही भीतर कहीं ये शब्द चुभते थे।

बारहवीं के बाद उसने हिम्मत करके जब घर पर कहा कि वह होटल मैनेजमेंट पढ़ना चाहता है तो घर में सन्नाटा छा गया।

पिता ने कहा — "इतनी पढ़ाई इसलिए करवाई है कि तू किचन में खड़ा रहे? इंजीनियर बन, सरकारी नौकरी कर, तभी भविष्य सुरक्षित रहेगा। रसोई में क्या भविष्य है?"

माँ ने धीरे से कहा — "लोग क्या कहेंगे? बेटा होकर रसोइया बनेगा?"

अमन ने कोशिश की समझाने की, कि यह उसका शौक नहीं, उसका सपना है। लेकिन हर बार उसकी बात अधूरी रह जाती।

आख़िर उसने चुप्पी चुन ली। उसने वही रास्ता चुना जो परिवार चाहता था। कॉलेज गया, डिग्री ली, नौकरी भी मिल गई। सब कुछ "ठीक" था... लेकिन जब भी वह रसोई से आती खुशबू महसूस करता, उसका मन हल्का नहीं, भारी हो जाता। उसे एहसास हुआ — उसने सिर्फ़ करियर नहीं बदला था, उसने अपने मन की आवाज़ को ही कैद कर दिया था।

अमन की ये कहानी अकेली नहीं है।

यही स्थिति अनगिनत युवाओं, महिलाओं और बुज़ुर्गों के जीवन में दोहराई जाती है। समाज का "लोग क्या कहेंगे" वाला दबाव, परंपराओं का बोझ और रिश्तेदारों की राय, सब मिलकर व्यक्ति को अपनी असली आवाज़ दबाने पर मजबूर कर देते हैं।

यही है समाज में "मन की कैद" — जहाँ हर कोई भीतर से कुछ और सोचता है, पर बाहर वही कहता है जो समाज सुनना चाहता है।

मन की कैद के कारण

1. अनकही बातें - हम डरते हैं कि कहीं हमारी बात से सामने वाला नाराज़ न हो जाए। इसलिए सच्चाई कहने के बजाय हम चुप रह जाते हैं।

2. गलत समझे जाने का भय - अक्सर लोग सोचते हैं — "अगर मैंने अपने दिल की बात कह दी, तो सामने वाला उसे गलत अर्थ में ले लेगा।" यह डर संवाद को रोक देता है।

3. संघर्ष से बचने की प्रवृत्ति - बहुत से लोग टकराव से बचने के लिए खामोशी चुनते हैं। लेकिन यह खामोशी असल में रिश्तों की दूरी को और गहरा कर देती है।
4. समाज का दबाव - समाज में अक्सर हम यह सोचते हैं — "लोग क्या कहेंगे?" या "अगर मैंने अपनी सच्चाई बोली, तो लोग कैसे देखेंगे?" यही डर हमारी असली आवाज़ को दबा देता है। हम सहयोग माँगने या अपनी भावनाएँ साझा करने में हिचकिचाते हैं, और कई बार अकेले ही संघर्ष करने की कोशिश करते हैं।

निष्कर्ष

रिश्तों से लेकर समाज तक, मन की कैद दरअसल हमारी खामोशी और अनकही बातों का परिणाम है। यह कैद बाहर से थोपी नहीं जाती, बल्कि अक्सर हम खुद ही उसे स्वीकार कर लेते हैं। पति-पत्नी, माता-पिता और बच्चों या दोस्तों और सहकर्मियों के बीच—जहाँ सबसे ज़्यादा ईमानदारी और आत्मीयता होनी चाहिए—वहीं सबसे ज़्यादा डर और झिझक पनप जाती है। नतीजा यह कि सच्चे रिश्ते भी औपचारिक लगने लगते हैं और भीतर से धीरे-धीरे खोखले हो जाते हैं।

इसी तरह समाज में भी, चाहे वह करियर का चुनाव हो, स्त्री-पुरुष की भूमिकाओं पर बनी मान्यताएँ हों, या बुज़ुर्गों के विचार—हर जगह एक अनकहा दबाव रहता है। लोग अपनी असहमति व्यक्त करने से कतराते हैं और अपने सपनों को अधूरा ही छोड़ देते हैं। यह सामूहिक चुप्पी समाज की असली प्रगति को रोक देती है।

इसलिए, मन की कैद से बाहर निकलना केवल व्यक्तिगत ज़रूरत नहीं है, बल्कि सामाजिक ज़िम्मेदारी भी है। हर व्यक्ति जब अपनी आवाज़ बुलंद करता है और दूसरों की आवाज़ सुनने के लिए भी खुला रहता है, तभी रिश्तों में विश्वास और समाज में सहयोग की नींव पड़ती है।

मुख्य सीख

रिश्तों में सबसे बड़ी दूरी अक्सर अनकही बातों से पैदा होती है।

समाज का दबाव हमारी ख़्वाहिशों को परछाइयों में और सच्चाई को खामोशी में बदल देता है।

संवाद और अभिव्यक्ति ही वो चाबी है जो मन की कैद खोलती है।

कार्य चरण/ अगला कदम

1. आज अपने किसी नज़दीकी रिश्ते में एक "अनकही बात" को खुले दिल से साझा करें।
2. किसी सामाजिक या पारिवारिक स्थिति में, जहाँ आप चुप रहते हैं, वहाँ एक छोटा–सा विचार बोलकर देखें।
3. मदद माँगने की आदत डालें — यह रिश्तों को और गहरा बनाती है।

मनन-वाक्य

"जब मन की आवाज़ दबा दी जाती है, तो रिश्ते बोझ बन जाते हैं।

जब उसे साझा किया जाता है, तो वही रिश्ते सहारा बन जाते हैं।"

अगले अध्याय की ओर संकेत

जब मन की आवाज़ रिश्तों और समाज में बार-बार दबती है, तो वह भीतर कहीं स्थायी असर छोड़ती है और अधूरी इच्छाओं में बदल जाती है। यही इच्छाएँ आगे चलकर भीतर बोझ बनाती हैं और जीवन का हल्कापन छीन लेती हैं।

अगले अध्याय में हम देखेंगे कि यह बोझ कैसे जन्म लेता है और इससे निकलने का रास्ता क्या है।

भाग दो : भीतर से बाहर की यात्रा

4

अधूरी इच्छाओं का बोझ

प्रस्तावना

पिछले भाग में हमने देखा —

कैसे मन की आवाज़ हमें भीतर से पुकारती है (अध्याय 1),

कैसे डर उस आवाज़ को दबा देता है (अध्याय 2),

और कैसे रिश्तों व समाज के दबाव में वही आवाज़ और भी अनसुनी रह जाती है (अध्याय 3).

अब सवाल यह है कि जब मन की आवाज़ बार-बार दबाई जाती है, तो उसका अंजाम क्या होता है? क्या वह सचमुच ख़ामोश हो जाती है?

सच यह है कि मन की आवाज़ कभी मरती नहीं। वह किसी कोने में जाकर अधूरी इच्छाओं का रूप ले लेती है। ये इच्छाएँ चाहे छोटी हों या बड़ी, जब पूरी नहीं हो पातीं, तो धीरे-धीरे बोझ बन जाती हैं।

बाहर से इंसान सफल दिख सकता है, लेकिन भीतर से खाली हो जाता है। उसकी मुस्कान खोखली लगने लगती है, रिश्तों में दूरी आने लगती है और जीवन का रस धीरे-धीरे छिनने लगता है।

आपने भी ऐसे लोगों को देखा होगा — जो हर पार्टी में हँसते-बोलते हैं, लेकिन अकेले होने पर उनकी आँखों में अनकही उदासी तैर जाती है। बाहर से सब कुछ सही दिखता है, पर भीतर कुछ टूटा हुआ होता है।

कहानी: संजय की चुप्पी

संजय अब चालीस के पार है, नौकरी ठीक है, परिवार अच्छा है, समाज में भी इज़्ज़त है पर भीतर कहीं एक थकान और खालीपन हमेशा बना रहता है।

बचपन में संजय की आवाज़ बहुत अच्छी थी। स्कूल में अक्सर उसे गाने के लिए बुलाया जाता था। मंच पर खड़े होकर गाना उसकी सबसे बड़ी ख्वाहिश थी।

लेकिन घरवालों का कहना था — "ये सब शौक़ बाद में भी पूरे हो सकते हैं, अभी पढ़ाई और नौकरी पर ध्यान दो।"

धीरे-धीरे उसने गाना छोड़ दिया। ज़िंदगी आगे बढ़ी, ज़िम्मेदारियाँ बढ़ती गईं। लेकिन वह ख्वाहिश दबकर उसके भीतर कहीं गहरी बैठ गई।

सिर्फ यही नहीं, संजय में एक और अधूरी बात भी थी। वह अपने पिता से कई बार कहना चाहता था — "आपकी वजह से मैं आज यहाँ हूँ, धन्यवाद।" लेकिन हर बार झिझक में चुप रह गया। और फिर एक दिन पिता चले गए।

अब उसके भीतर दो बोझ हैं —

एक, अपनी ख्वाहिश पूरी न कर पाने का, और दूसरा, एक साधारण "धन्यवाद" भी न कह पाने का।

आज संजय को लगता है कि यही अधूरी इच्छाएँ उसकी बेचैनी का कारण हैं। वह अक्सर सोचता है — "मेरे पास सब कुछ है, फिर भी मैं हल्का क्यों नहीं महसूस करता?"

असल में, यही अधूरी इच्छाएँ हैं जो उसे हर समय भारी कर देती हैं।

अधूरी इच्छाओं का असर

अधूरी इच्छाएँ सिर्फ़ यादें नहीं होतीं, वे मन और शरीर दोनों पर गहरा असर छोड़ती हैं।

1. मानसिक असर

पछतावा — "काश उस समय मैंने ये कर लिया होता!"
आत्म-संदेह — "जब पहले ही अधूरा छोड़ दिया, अब क्या नया करूँगा?"
निरंतर तनाव — जैसे कोई अदृश्य बोझ हमेशा दबा हो।
रचनात्मकता में कमी — नया करने का मन नहीं करता क्योंकि पुराना अधूरा है।

2. भावनात्मक असर

चिड़चिड़ापन — गुस्सा सामने वाले से नहीं, भीतर दबे बोझ से होता है।
दूरी का अहसास — अपनों से भी जुड़ाव कम होना।
खालीपन — सब होते हुए भी भीतर खाली रहना।
भावनात्मक थकान — रोना चाहकर भी आँसू न आना।

3. शारीरिक असर

नींद की समस्या — रात को करवटें बदलते हुए अधूरी बातें याद आना।
भारीपन और थकान — जैसे कंधों पर हमेशा कोई बोझ हो।
बीमारियाँ — तनाव से सिरदर्द, ब्लड प्रेशर, पेट की गड़बड़ी।
ऊर्जा की कमी — सुबह उठने पर भी थका हुआ महसूस होना।

4. रिश्तों पर असर

दूसरों से नाराज़गी — "उन्होंने मुझे रोका, उन्होंने समझा नहीं।"
प्रियजनों से दूरी - पति-पत्नी या परिवारजन बिना वजह एक-दूसरे को दोष देने लगते हैं।
अधूरी इच्छाएँ पीढ़ियों तक जाती हैं — जो हम नहीं कर पाए, उसे बच्चों से करवाने की कोशिश करते हैं।

निष्कर्ष

मन की आवाज़ दबाने से अधूरी इच्छाएँ जन्म लेती हैं। ये कभी ख़ामोश नहीं होतीं। वे मन में जमा होकर बोझ बनती हैं — कभी पछतावे के रूप में, कभी चुप्पी में, कभी थकान में।

जब भी आपको लगे कि भीतर अजीब-सा भारीपन है, ज़रा ठहरकर सोचिए — कहीं यह किसी अधूरी ख्वाहिश की चुप्पी तो नहीं?

कभी-कभी सबसे बड़ा बोझ वही होता है, जिसे हमने खुद नज़रअंदाज़ किया होता है और जीवन का हल्कापन तभी लौटता है, जब हम इस बोझ को पहचानते हैं, स्वीकारते हैं,और जहाँ संभव हो, छोटा ही सही — एक कदम उठाकर अपने मन को जीने का अवसर देते हैं।

मुख्य सीख

मन की आवाज़ दबाने से अधूरी इच्छाएँ जन्म लेती हैं। ये इच्छाएँ बोझ बनकर हमें हर स्तर पर प्रभावित करती हैं। मानसिक, भावनात्मक, शारीरिक और रिश्तों पर गहरा असर छोड़ती हैं।

पहचान और स्वीकार करना ही हल्कापन पाने का पहला कदम है।

कार्य चरण/ अगला कदम

1. इच्छा-पत्र (Desire List) लिखें – इस हफ़्ते 5–10 ऐसी ख्वाहिशें लिखिए जिन्हें आपने दबा दिया था।
2. छाँटें – कौन-सी इच्छाएँ अभी पूरी हो सकती हैं, कौन-सी अब संभव नहीं।
3. छोटे कदम उठाइए – हर पूरी हो सकने वाली इच्छा के लिए आज ही सबसे छोटा काम कीजिए।
(जैसे गाना चाहते हैं तो 10 मिनट गुनगुनाइए, यात्रा करनी है तो जगह की जानकारी जुटाइए।)
4. स्वीकार की प्रक्रिया – जो इच्छाएँ अब पूरी नहीं हो सकतीं, उन्हें लिखकर

स्वीकार करें: “यह मेरी अधूरी ख्वाहिश है। मैं इसे सम्मान देता हूँ और अब आगे बढ़ता हूँ।”
5. छोटी जीत का जश्न मनाइए – हर छोटी पूरी हुई इच्छा अगली बड़ी ख्वाहिश का रास्ता खोलती है।

मनन वाक्य

“दबी हुई आवाज़ें ख्वाहिशों में बदलती हैं, ख्वाहिशें बोझ में।
मुक्ति वहीं है जहाँ हम उन्हें जीने का साहस करते हैं।”

अगले अध्याय की ओर संकेत

जब हम खुद को स्वीकारना सीख जाते हैं, तब अगला कदम होता है — अपनी भीतर की आवाज़ को सच में सुनना। क्योंकि आत्मस्वीकार केवल शुरुआत है। सच्ची मुक्ति तब मिलती है जब हम अपने मन की उस धीमी, पर सच्ची फुसफुसाहट को पहचानें और उसे जगह दें।

यही रास्ता हमें अध्याय 5 की ओर ले जाता है — “अपनी आवाज़ को सुनना सीखें।”

5

अपनी आवाज़ को सुनना सीखें

प्रस्तावना

जब मन की आवाज़ बार-बार दबती है तो वह अधूरी इच्छाओं में बदलकर बोझ बना देती है। यह बोझ ही हमारी बेचैनी, थकान और खालीपन का मूल कारण है।

लेकिन एक और बड़ा सवाल है — क्या हम इस बोझ से मुक्त हो सकते हैं?

तर है — हाँ और इसकी शुरुआत होती है अपनी आवाज़ को पहचानने और सुनने से।

लेकिन समस्या यह है कि हम दूसरों को तो बहुत सुनते हैं — परिवार, समाज, दोस्तों, यहाँ तक कि सोशल मीडिया की भी आवाज़ —किंतु अपनी भीतरी आवाज़ को नहीं सुन पाते। वह आवाज़ बहुत धीमी होती है, परंतु सच्ची होती है। वह हमारी थकान और उलझन के पार हमें हमारी असली दिशा दिखा सकती है।

लेकिन यह आसान नहीं। क्योंकि रोज़मर्रा की भागदौड़, शोर और जिम्मेदारियों के बीच वह आवाज़ दब जाती है। उसे सुनने के लिए हमें रुकना पड़ता है, ठहरना पड़ता है, और खुद के भीतर झाँकना पड़ता है।

कहानी: अनिल का मौन

अनिल 38 साल का है। बाहर से सब ठीक है — नौकरी, परिवार, घर। पर भीतर हमेशा एक बेचैनी रहती है। वह अक्सर सोचता है — "मुझे सच में चाहिए क्या? मैं किस ओर जा रहा हूँ?"

एक दिन बहुत थक जाने के बाद उसने तय किया कि वह आधे घंटे के लिए अकेला बैठेगा, बिना मोबाइल, बिना किताब, बिना किसी से बात किए।

शुरू में उसे अजीब लगा। मन में अनेकों ख्याल आने लगे — अधूरे काम, अगले हफ्ते की प्लानिंग, किसी की कही हुई बात।

लेकिन धीरे-धीरे जब उसने गहरी साँसें लीं, तो उसे अपने भीतर एक हल्की-सी आहट सुनाई दी — एक बहुत हल्की सी चाहत की आहट, जिसे वह वर्षों से अनसुना कर रहा था।

वह चाहत थी — लिखने की।

बचपन से उसे लिखना अच्छा लगता था, पर पढ़ाई और नौकरी के चक्कर में वह सब छूट गया। उस क्षण अनिल को समझ आया कि उसकी बेचैनी का एक बड़ा कारण यही था — अपनी ही आवाज़ को न सुन पाना।

उस दिन से अनिल ने तय किया कि रोज़ कुछ मिनट अपने लिए रखेगा। कभी खामोशी में, कभी काग़ज़ पर लिखकर। धीरे-धीरे उसने महसूस किया कि उसका मन हल्का होने लगा है।

मुख्य विचार

अनिल का अनुभव हमें यह बताता है कि मन की आवाज़ सुनने के लिए कोई जादुई उपाय या त्वरित समाधान नहीं होता। यह एक धीमी, सजग और निरंतर चलने वाली प्रक्रिया है। मन की सच्ची आवाज़ अक्सर बहुत हल्की होती है, इसलिए उसे सुनने के लिए धैर्य, ईमानदारी और नियमित अभ्यास की आवश्यकता होती है।

धीरे-धीरे, छोटे अभ्यासों के माध्यम से हम अपने भीतर की परतों को खोल सकते हैं और उस सच्चाई तक पहुँच सकते हैं जो वर्षों से दबाई या अनसुनी रह गई है।

1. खामोशी और आत्म-चिंतन (Self-reflection)

भीतर की आवाज़ सुनने का पहला और सबसे आवश्यक कदम है — खामोशी। जब बाहर का शोर कम होता है, तभी भीतर की फुसफुसाहट स्पष्ट सुनाई देती है। आज की तेज़-रफ्तार ज़िंदगी में हम हर समय किसी न किसी सूचना, स्क्रीन या बातचीत से घिरे रहते हैं। ऐसे में मन को सुनना कठिन हो जाता है।

दिन में कम-से-कम 10–15 मिनट अकेले बैठना, बिना मोबाइल, बिना किताब और बिना किसी व्यवधान के, इस प्रक्रिया को आसान बनाता है। इस समय में केवल अपनी साँसों पर ध्यान दें या अपने विचारों को आते-जाते देखें। शुरुआत में बेचैनी होगी, लेकिन यही बेचैनी भीतर के संवाद का द्वार खोलती है।

2. लेखन अभ्यास (Journaling)

लिखना हमारे मन का आईना है। जब हम अपने विचारों और भावनाओं को कागज़ पर उतारते हैं, तो वे स्पष्ट और व्यवस्थित हो जाती हैं। कई बार जो बातें मन में उलझी हुई लगती हैं, वे लिखते ही सरल दिखाई देने लगती हैं।

जर्नलिंग हमें यह पहचानने में मदद करती है कि हमारे भीतर कौन-सी इच्छाएँ, डर, अपराधबोध या अधूरी बातें छिपी हैं। प्रतिदिन या सप्ताह में कुछ दिन लिखने की आदत हमारे आत्म-संवाद को गहरा बनाती है। यह अभ्यास आत्म-जागरूकता को बढ़ाता है और मन का बोझ हल्का करता है।

3. बचपन की यादें (Childhood Recall)

हमारी कई असली इच्छाएँ बचपन में स्पष्ट दिखाई देती हैं। बचपन वह समय होता है जब हम बिना डर और सामाजिक दबाव के अपने मन की सुनते हैं।

खुद से पूछिए — बचपन में मुझे क्या करना सबसे अच्छा लगता था? किस काम में समय का पता ही नहीं चलता था? किस गतिविधि में मैं सबसे अधिक

जीवंत महसूस करता था? उन यादों को लिखना या दोबारा जीना हमारी दबाई हुई इच्छाओं तक पहुँचने का सरल और प्रभावी तरीका है। अक्सर हमारी वर्तमान बेचैनी का संबंध उन्हीं अधूरी रह गई बचपन की आकांक्षाओं से होता है।

4. ऊर्जा परीक्षण (Energy Test for Clarity)

एक सरल लेकिन शक्तिशाली अभ्यास है — अपने रोज़मर्रा के कार्यों पर सजग ध्यान देना। दिन भर में किए गए कार्यों के बाद अपने मन और शरीर की स्थिति पर ध्यान दें।

कौन-सा काम करने के बाद आप थका हुआ और बोझिल महसूस करते हैं? और कौन-सा काम करने के बाद भीतर हल्कापन और ऊर्जा का अनुभव होता है? ऊर्जा देने वाले कार्य अक्सर हमारी असली रुचियों और मूल्यों से जुड़े होते हैं। वहीं, जो कार्य लगातार थकान देते हैं, वे संभवतः केवल बाहरी अपेक्षाओं के कारण किए जा रहे होते हैं। ऊर्जा परीक्षण हमें यह समझने में मदद करता है कि हमारी दिशा कहाँ होनी चाहिए।

निष्कर्ष

मन की आवाज़ सुनना एक निरंतर साधना है। यह कोई एक दिन का निर्णय नहीं, बल्कि रोज़ का अभ्यास है। जब हम खामोशी, लेखन, बचपन की स्मृतियों और ऊर्जा परीक्षण जैसे साधनों को अपनाते हैं, तो धीरे-धीरे हमारे भीतर स्पष्टता, हल्कापन और आत्म-विश्वास जन्म लेने लगता है।

जब हम अपनी आवाज़ पहचानते हैं, तो बोझ हल्का होता है और दिशा साफ़।

चिंतन प्रश्न

1. आख़िरी बार आपने कब शांति में बैठकर खुद को सुना था?
2. बचपन में कौन-सी गतिविधि आपको सबसे अधिक आनंद देती थी?
3. आपके दिन में कौन-सा काम आपकी ऊर्जा बढ़ाता है और कौन-सा कम करता है?
4. अगर आप बिना किसी डर या दबाव के एक काम चुन सकते, तो वह क्या होता?

कार्य चरण/ अगला कदम

1. खामोशी का अभ्यास – हर दिन 10 मिनट बिना मोबाइल या किताब के शांत बैठें।
2. जर्नल लिखें – हफ्ते में कम से कम 3 बार अपने विचार और इच्छाएँ लिखें।
3. बचपन की इच्छाओं की सूची बनाएँ – तीन ऐसी गतिविधियाँ लिखें जिन्हें आप बचपन में प्यार करते थे।
4. ऊर्जा परीक्षण करें – एक हफ़्ते तक नोट करें कि कौन-सा काम आपको हल्का करता है और कौन-सा थका देता है।

मनन वाक्य

"जब बाहर का शोर थमता है, तभी भीतर की आवाज़ सुनाई देती है।
और वही आवाज़ हमें हमारे असली जीवन की ओर ले जाती है।"

अगले अध्याय की ओर संकेत

जब यह आवाज़ पहचान में आ जाती है, तो केवल पहचानना ही काफी नहीं होता।

अब अगला कदम है — उसे जीना।

यह जीना शुरू होता है छोटे-छोटे कदमों से और यही छोटे कदम आगे चलकर बड़े बदलाव की नींव रखते हैं।

6

छोटे कदमों की ताक़त

प्रस्तावना

पिछले अध्यायों में हमने जाना कि मन की अनकही आवाज़ को दबाना हमें भीतर से भारी बना देता है। कितनी ही इच्छाएँ और सपने ऐसे होते हैं जो सिर्फ़ "मन ही मन" रह जाते हैं। वे बाहर नहीं आ पाते और धीरे-धीरे बोझ में बदल जाते हैं।

लेकिन केवल सुन लेना ही पर्याप्त नहीं। अगर उस आवाज़ को जीना शुरू न किया जाए, तो वह फिर से दब सकती है और अधूरी ख्वाहिशें हमें भीतर से रोकती रहेंगी।

यहीं से असली यात्रा शुरू होती है।

अक्सर हम सोचते हैं कि कोई बड़ा बदलाव तभी संभव है जब हम एक झटके में सब बदल दें। लेकिन सच यह है कि जीवन में सबसे गहरे परिवर्तन छोटे-छोटे कदमों से ही आते हैं।

छोटा कदम डर को तोड़ता है। वह आत्मविश्वास लौटाता है और हमें गति देता है। जैसे बीज से धीरे-धीरे वृक्ष बनता है, वैसे ही छोटे कदमों से ही सपनों का जीवन खिलता है।

कहानी : राधा का पहला कदम

राधा एक शिक्षिका है। बचपन से उसका सपना था कि वह पेंटिंग सीखे और अपनी कला के ज़रिए कुछ बनाए। लेकिन नौकरी, घर, बच्चों और जिम्मेदारियों के बीच यह चाहत हमेशा मन ही मन रह गई।

हर बार वह सोचती — "कभी समय मिलेगा तो शुरू करूँगी।" लेकिन वह "कभी" कभी नहीं आया।

एक दिन स्कूल के बच्चों ने उसे एक आर्ट कॉम्पिटिशन के लिए आमंत्रित किया। वह बच्चों को समझा रही थी कि "पहला कदम छोटा भी हो, तो भी शुरुआत ज़रूरी है।" यह कहते-कहते उसने खुद को पकड़ लिया — क्या मैं वही कर रही हूँ, जो बच्चों को सिखा रही हूँ?

उस दिन शाम को राधा ने ठान लिया कि वह बस 10 मिनट रंग-कूची लेकर बैठेगी।

कोई बड़ी पेंटिंग नहीं, बस थोड़ा-सा रंग भरना। शुरू में अजीब लगा, हाथ भी जकड़ा।

लेकिन धीरे-धीरे वह हर रोज़ उन 10 मिनटों का इंतज़ार करने लगी। कुछ हफ्तों बाद, उसी छोटे कदम से उसका आत्मविश्वास लौट आया। वह बोझ, जो सालों से भीतर था, हल्का होने लगा।

राधा को समझ आया कि बड़ा सपना पूरा करने के लिए हमेशा बड़े कदम की ज़रूरत नहीं होती — बस छोटे कदमों की निरंतरता ही काफ़ी है।

मुख्य विचार

छोटे कदम केवल एक क्रिया नहीं, बल्कि जीवन जीने का एक दृष्टिकोण हैं। जब हम किसी बड़े परिवर्तन के बारे में सोचते हैं, तो हमारा मन अक्सर डर, असमंजस और संदेह से भर जाता है। लेकिन छोटे कदम उस भय को तोड़ते हैं और हमें यह विश्वास दिलाते हैं कि परिवर्तन संभव है। नीचे दिए गए बिंदु छोटे कदमों की गहराई और प्रभाव को और स्पष्ट करते हैं।

1. छोटे कदम बोझ को हल्का करते हैं

जब हम किसी बड़े लक्ष्य को एक साथ हासिल करने की कोशिश करते हैं, तो वह पहाड़ जैसा भारी लगने लगता है। यह भारीपन हमें शुरुआत करने से भी रोक देता है। लेकिन जब उसी लक्ष्य को छोटे, सरल और स्पष्ट हिस्सों में बाँट दिया जाता है, तो वह सम्भव प्रतीत होने लगता है। छोटा कदम हमें वर्तमान क्षण में टिकाता है। वह हमें यह सोचने से बचाता है कि 'आगे क्या होगा', और हमें 'अभी क्या कर सकता हूँ' पर केंद्रित करता है। यही दृष्टिकोण मानसिक दबाव को कम करता है और भीतर हल्कापन पैदा करता है।

2. छोटे कदम निरंतरता बनाते हैं

बड़े संकल्प अक्सर जोश में लिए जाते हैं, लेकिन निरंतरता के अभाव में अधूरे रह जाते हैं। छोटे कदमों का सबसे बड़ा लाभ यह है कि उन्हें नियमित रूप से दोहराया जा सकता है। जब कोई कार्य इतना छोटा हो कि उसे टाला न जा सके, तब वह आदत बन जाता है। यही नियमितता समय के साथ चरित्र और दिशा दोनों को बदल देती है। निरंतर छोटे प्रयास अंततः बड़े परिणामों का आधार बनते हैं।

3. छोटे कदम आत्मविश्वास जगाते हैं

हर बार जब हम कोई छोटा लक्ष्य पूरा करते हैं, तो भीतर एक सकारात्मक अनुभव जन्म लेता है। यह अनुभव हमें याद दिलाता है कि हम सक्षम हैं। आत्मविश्वास अचानक नहीं आता; वह छोटे-छोटे सफल अनुभवों से बनता है। जब हम बार-बार स्वयं से किया हुआ छोटा वादा निभाते हैं, तो आत्म-सम्मान मजबूत होता है। यही आत्मविश्वास आगे चलकर बड़े निर्णय लेने की हिम्मत देता है।

4. छोटे कदम दिशा खोलते हैं

हम अक्सर यह सोचते रहते हैं कि पहले पूरी योजना स्पष्ट हो जाए, तब ही आगे बढ़ेंगे। लेकिन जीवन में स्पष्टता चलने से आती है, रुकने से नहीं। जब हम पहला छोटा कदम उठाते हैं, तो आगे का रास्ता थोड़ा-थोड़ा दिखाई देने लगता है। कई बार दिशा अनुभव से मिलती है, न कि केवल सोचने से। छोटा कदम हमें प्रयोग करने,

सीखने और स्वयं को समझने का अवसर देता है।

5. छोटे कदम आदत बदलते हैं

जीवन केवल बड़े लक्ष्यों का नाम नहीं, बल्कि रोज़मर्रा की आदतों का परिणाम है। छोटे कदम धीरे-धीरे हमारी दिनचर्या का हिस्सा बन जाते हैं। जब कोई सकारात्मक कार्य नियमित रूप से दोहराया जाता है, तो वह हमारे व्यक्तित्व का हिस्सा बन जाता है। यही नई आदतें भविष्य की दिशा तय करती हैं। इसलिए छोटे कदम केवल लक्ष्य की ओर बढ़ना नहीं, बल्कि स्वयं को गढ़ने की प्रक्रिया भी हैं।

निष्कर्ष

छोटे कदमों की ताक़त हमें यह याद दिलाती है कि जीवन में परिवर्तन केवल तब नहीं होता जब हम बड़े सपनों को तुरंत पा लें, अपितु तब होता है जब हम रोज़ अपने मन की सच्ची आवाज़ को थोड़ा-थोड़ा जीते रहें।

हर छोटा कदम हमें भीतर से मुक्त करता है, बोझ हल्का करता है और हमें अपनी राह दिखाता है। धीरे-धीरे यह छोटे कदम ही मिलकर बड़े बदलाव की नींव रखते हैं।

यानी जीवन बदलने की शुरुआत किसी बड़े अवसर से नहीं, बल्कि छोटे-छोटे अभ्यासों से होती है।

चिंतन प्रश्न

1. आपके जीवन का कौन-सा सपना अब तक "मन ही मन" दबा हुआ है?
2. उस सपने की ओर आप आज कौन-सा छोटा कदम उठा सकते हैं?
3. कौन-सी ज़िम्मेदारियाँ या डर आपको बड़े कदम से रोकते हैं?
4. अगर आप रोज़ केवल 10 मिनट किसी प्रिय कार्य को दें, तो उसका क्या असर होगा?

कार्य चरण/ अगला कदम

1. 10 मिनट का नियम – रोज़ाना 10 मिनट अपने प्रिय काम में लगाएँ।
2. छोटी सूची बनाएँ – एक बड़ा लक्ष्य लें और उसे 5 छोटे हिस्सों में बाँटें।
3. प्रगति नोट करें – हर शाम एक लाइन लिखें कि आपने आज कौन-सा कदम उठाया।
4. खुद को याद दिलाएँ – हर सप्ताह खुद से पूछें, "क्या मैं अपने मन की सुन रहा हूँ?"

मनन वाक्य

"बड़ा सपना पूरा करने का रास्ता बडी छलांग से नहीं, बल्कि रोज़ उठाए गए छोटे कदमों से बनता है।"

अगले अध्याय की ओर संकेतः

छोटे कदम हमें आगे बढ़ने की ताक़त तो देते हैं, लेकिन यह ताक़त तब ही सार्थक होती है जब हम जीवन के अलग-अलग हिस्सों — काम, परिवार और खुद — के बीच संतुलन बना पाते हैं।

यही संतुलन हमें अगले अध्याय में समझना है।

भाग तीन : संतुलन और पूर्णता

7

संतुलन

प्रस्तावना

पिछले भाग (अध्याय 4 से 6) में हमने सीखा कि भीतर की आवाज़ को सुनना और छोटे-छोटे कदमों से आगे बढ़ना हमें अपनी यात्रा पर टिकाए रखता है। लेकिन एक और गहरी सच्चाई है — अगर यह यात्रा हमें थका दे, हमारे रिश्तों को दूर कर दे या हमें अपने ही भीतर से काट दे, तो फिर यह अधूरी रह जाती है।

मन की आवाज़ का मतलब केवल "अपने सपनों का पीछा करना" नहीं है, बल्कि यह भी देखना है कि उन सपनों के बीच हम काम, परिवार और खुद के लिए कैसा संतुलन बना रहे हैं। असंतुलन भले धीरे-धीरे आता है, पर उसकी कीमत बहुत बड़ी होती है।

राहुल की ही कहानी देखिए

राहुल सुबह घर से भागते हुए निकला, जल्दी-जल्दी नाश्ता किया और बच्चों की बातें अधूरी छोड़ दीं। पूरे दिन ऑफिस में मीटिंग्स और ईमेल्स में डूबा रहा। शाम को थककर घर लौटा तो बच्चों ने खेलना चाहा, पत्नी ने कुछ दिल की बात करनी चाही — पर राहुल के पास बस सिर हिलाने भर की ताक़त थी। उसका ध्यान टीवी और मोबाइल पर अटका रहा।

रात को बिस्तर पर लेटे हुए अचानक उसे भीतर एक कसक महसूस हुई — "मैं

किसके लिए इतना भाग रहा हूँ? अगर मैं अपने परिवार और खुद के साथ ही न रह पाया, तो ये दौड़ किस काम की?" उसकी आँखें बंद हुईं, लेकिन मन में खालीपन और अपराधबोध ही गूंजता रहा।

राहुल की यह कहानी सिर्फ उसकी नहीं है। यह हमारी रोज़मर्रा की ज़िंदगी का सच है।

और यही सच हमें यह सोचने पर मजबूर करता है — क्या हम सच में वह जीवन जी रहे हैं जिसके लिए भीतर की आवाज़ हमें पुकार रही थी, या असंतुलन ने हमारी यात्रा को अधूरा बना दिया है?

असंतुलन का खुद पर असर

असंतुलन सबसे पहले भीतर दिखाई देता है। अक्सर हम इसे "NORMAL STRESS" मानकर टाल देते हैं, लेकिन यह धीरे-धीरे हमारे जीवन की जड़ें हिला देता है।

1. लगातार थकान और चिड़चिड़ापन

शरीर थक चुका होता है, पर दिमाग लगातार दौड़ता रहता है। छोटी-छोटी बातों पर भी चिढ, अधीरता और गुस्सा आ जाता है। सुबह उठकर महसूस होता है कि ऊर्जा खत्म हो गई है, पर काम की लंबी सूची अभी भी आंखों के सामने है। धीरे-धीरे यह दीर्घकालिक थकान में बदल सकता है, जिससे शरीर और मन दोनों प्रभावित होते हैं।

2. आत्मग्लानि और अपराधबोध

लगातार यह सोचता रहना कि "परिवार को पर्याप्त समय नहीं दिया" या "काम अधूरा रह गया" मन को बोझिल कर देता है। यह अपराधबोध इतना गहरा होता है कि हम छोटी-छोटी खुशियों को भी पूरी तरह नहीं महसूस कर पाते। यह खुद की काबिलियत पर संदेह और आत्म-संदेह की भावना भी पैदा कर सकता है।

3. आत्म-संवाद से दूरी

दिनभर इतनी दौड़ और मल्टीटास्किंग कि खुद से बात करने का समय ही नहीं मिलता। ध्यान अथवा दैनिक लेखन (Journaling) और अभिरुचियाँ (Hobbies) या सिर्फ सोचना — ये सब गायब हो जाते हैं। परिणामस्वरूप, हम अपने भावनात्मक स्व और आंतरिक इच्छाओ से कट जाते हैं।

4. "करना" ज़्यादा, "होना" कम

पूरा दिन दैनिक कार्य सूची पूरी करने में बीत जाता है, पर जीवन के असली अनुभव — शांति, आन्दद, जुड़ाव — हाथ से फिसल जाते हैं। सिर्फ परिणाम और आउटपुट पर केंद्र होने से आत्म-संतोष गायब हो जाता है।

5. स्वास्थ्य पर असर

लगातार मानसिक और शारीरिक दबाव से नींद, भूख और रोग प्रतिरोधक क्षमता प्रभावित होती है। यह लंबे समय में गम्भीर स्वास्थ्य समस्याओ का कारण बन सकता है।

रिश्तों/परिवार में असंतुलन का असर

असंतुलन का सबसे गहरा असर हमारे रिश्तों और परिवार पर भी पड़ता है। परिवार केवल साथ रहने का नाम नहीं, बल्कि जुड़ाव और समझ का नाम है। जब यह जुड़ाव टूटता है, तो घर खाली-सा लगता है।

1. संवाद की कमी
साथी या बच्चों को सुनने का समय नहीं मिलता। छोटी-छोटी बातें अधूरी रह जाती हैं। अक्सर लोग यह महसूस करते हैं कि घर में रहते हुए भी अकेले हैं।

2. अनसुनी ज़रूरतें
हर व्यक्ति चाहता है कि उसे ध्यान से सुना जाए। लेकिन व्यस्तता और थकान के कारण हम केवल हाँ/ना में जवाब दे देते हैं। इसका प्रभाव भावनाओं पर पड़ता है — प्यार और समर्पण की जगह औपचारिकताए और सतही संवाद आ जाता है।

3. भावनात्मक दूरी
एक साथ रहने के बावजूद साथी और बच्चों के साथ जुड़ाव कम होता है। घर में भौतिक उपस्थिति तो होती है, पर भावनात्मक उपस्थिति गायब रहती है। इससे तनाव, निराशा और अकेलापन बढ़ता है।

4. बच्चों पर असर
बच्चे समय और ध्यान चाहते हैं। अगर उन्हें सार्थक संवाद (Interaction) नहीं मिलता तो वे दो तरह की प्रतिक्रिया देते हैं:

चुप्पी और अंतर्मुखी व्यवहार अथवा गुस्सा और विद्रोही व्यवहार दोनों ही स्थितियो में उनका भावनात्मक विकास प्रभावित होता है।

5. दाम्पत्य सम्बंध पर असर

सम्वादहीनता (Communication-Gap) और quality time की कमी से गलतफहमियाँ और छोटी-छोटी लडाइयाँ बढ़ती हैं। धीरे-धीरे नज़दीकी, भरोसा और आपसी जुडाव कम होने लगता है और हल्का सा तनाव भी घर के वातावरण को प्रभावित करता है।

संतुलन कैसे पाएँ (समाधान)

संतुलन कोई विलासिता नहीं, बल्कि जीवन की आवश्यकता है। इसे पाने के लिए बड़े बदलाव नहीं, बल्कि छोटे और व्यवहारिक कदम ही पर्याप्त होते हैं।

1. मात्रा नहीं, गुणवत्ता महत्वपूर्ण है
समय कितना दिया, यह महत्वपूर्ण नहीं — बल्कि उस समय में जुड़ाव कितना था, यह अधिक मायने रखता है। कम समय भी अर्थपूर्ण हो तो रिश्ते गहरे हो जाते हैं।

दिन में सिर्फ 10 मिनट साथी को बिना किसी व्यवधान के सुनना या बच्चों के साथ मोबाइल दूर रखकर खेलना भी पर्याप्त हो सकता है।

2. स्वयं के लिए समय की अहमियत

खुद को फिर से ऊर्जा दिए बिना हम दूसरों को कुछ भी सच्चे मन से नहीं दे सकते।

अपने लिए समय निकालना स्वार्थ नहीं, बल्कि स्वयं की देखभाल है। डायरी लिखना, ध्यान करना, संगीत सुनना, टहलना या कोई शौक — रोज़ थोड़ी देर केवल अपने लिए निकालें।

3. सीमाएँ तय करना

काम और परिवार के बीच स्पष्ट सीमाएँ बनाना आवश्यक है। घर के समय में दफ़्तर का काम न लाएँ। परिवार के साथ समय बिताते हुए संदेश और फ़ोन से दूरी रखें।

4. प्राथमिकताएँ तय करना

हर दिन की शुरुआत में लिखें — "आज मेरे लिए सबसे ज़रूरी तीन बातें क्या हैं?" इससे ध्यान भटकने से बचता है। आत्मग्लानि कम होती है और ऊर्जा सही दिशा में लगती है।

5. छोटे-छोटे नियम और परंपराएँ बनाना

नियमित छोटी परंपराएँ रिश्तों में अपनापन और स्थिरता लाती हैं। जैसे हर रविवार परिवार के साथ सैर, हर रात साथ में भोजन, या सप्ताह में एक फ़िल्म-रात।

6. डिजिटल विराम

दिन में कम से कम एक घंटा ऐसा रखें जब कोई भी तकनीकी उपकरण उपयोग न करें।

उस समय केवल परिवार या स्वयं के साथ रहें। इससे ध्यान और मानसिक शांति दोनों बढ़ती हैं।

7. सजगता और जागरूक अभ्यास

हर काम को पूरे मन से करें। एक साथ कई काम करने की आदत कम करें। साँसों पर ध्यान देना या दिन में थोड़ी देर शांति से बैठना ऊर्जा को संतुलित रखता है।

8. लचीली दिनचर्या
कभी-कभी असंतुलन होना स्वाभाविक है। इसे समझदारी से स्वीकार करें और स्वयं को दोषी न ठहराएँ।

जागरूकता बनी रहे, यही पर्याप्त है।

निष्कर्ष

संतुलन केवल समय बाँटने का मामला नहीं है, बल्कि यह हमारी प्राथमिकताओं का आईना है। जब हम भीतर की आवाज़ सुनते हैं और छोटे कदमों से आगे बढ़ते हैं, तो हमें यह भी देखना पड़ता है कि यह यात्रा हमें अपने रिश्तों और खुद के भीतर से जोड़ रही है या काट रही है।

संतुलन ही वह आधार है जिस पर सपने भी खड़े होते हैं और रिश्ते भी खिलते हैं। बिना संतुलन के, भीतर की आवाज़ को सुनने की पूरी प्रक्रिया अधूरी रह जाती है।

कार्य-चरण

1. समय की जाँच करें — एक सप्ताह देखें कि आपका समय कहाँ व्यतीत हो रहा है।
2. उपस्थित रहने का अभ्यास करें — परिवार के साथ हों तो पूरा ध्यान वहीं रखें, उपकरणों से दूरी बनाएँ।
3. रोज़ स्वयं के लिए समय तय करें — चाहे 15 मिनट ही क्यों न हों।
4. “बिना अपराधबोध” का नियम अपनाएँ — संतुलन का अर्थ पूर्णता नहीं है।
5. छोटी-छोटी पारिवारिक परंपराएँ बनाएं — ये रिश्तों में गर्माहट लाती हैं।

मनन वाक्य

"संतुलन का मतलब सबको बराबर समय देना नहीं, बल्कि जहाँ हो — वहाँ पूरी तरह होना है।"

अगले अध्याय की ओर संकेत

अब सवाल यह है कि यह संतुलन टिके कैसे?

सिर्फ समय बाँटने से यह संभव नहीं, इसके लिए भीतर की गहराई से जुड़ना पड़ता है।

अगला अध्याय "अधूरी न रहे मन की यात्रा" हमें ले जाएगा उस मंज़िल की ओर, जहाँ ध्यान, आत्मनिरीक्षण और कृतज्ञता हमें अधूरी इच्छाओं से मुक्त करके पूर्णता का अनुभव कराते हैं।

8

अधूरी न रहे मन की यात्रा

प्रस्तावना

“मन की मन ही माहे रही” — यह केवल एक शीर्षक नहीं, बल्कि उस अधूरेपन का प्रतीक है जो हर इंसान अपने भीतर कहीं न कहीं महसूस करता है। जीवन की सारी उपलब्धियों और जिम्मेदारियों के बावजूद, अगर भीतर की आवाज़ अनसुनी रह जाए या जी न पाए, तो मन तृप्त नहीं होता।

इस किताब की यात्रा उसी अधूरेपन से शुरू हुई थी।

हमने डर की दीवारों को पहचाना, छोटे कदमों की ताक़त को जाना, संतुलन की अहमियत को समझा — और हर पड़ाव ने हमें थोड़ा और भीतर झाँकने का निमंत्रण दिया।

अब यह अंतिम अध्याय हमें उस पड़ाव पर लाता है जहाँ समापन का अर्थ अंत नहीं, बल्कि एक गहरी पूर्णता है।

यहाँ ध्यान और आत्म-निरीक्षण से मन की परतें खुलती हैं, कृतज्ञता हर अनुभव को अर्थ देती है, और करुणा हमें अपनापन सिखाती है और जब हम अपने भीतर की आवाज़ को जीने का संकल्प लेते हैं, तभी यह यात्रा सचमुच संपूर्ण होती है।

यहीं आकर "मन की मन ही माहे रही" केवल एक पंक्ति नहीं, बल्कि जीया हुआ अनुभव बन जाती है।

ध्यान और आत्म-निरीक्षण

जीवन की गति तेज़ है। हम रोज़ भागते हैं, करते हैं, हासिल करते हैं — पर इस दौड़ में ठहरकर अपने भीतर झाँकना अक्सर भूल जाते हैं। यही भूल हमें अधूरापन महसूस कराती है।

ध्यान और आत्म-निरीक्षण वह साधन हैं जो हमें भीतर की खामोशियों तक ले जाते हैं। जब हम कुछ पल आँखें बंद करके श्वास पर ध्यान देते हैं, तो हमें अपने भीतर का शोर सुनाई देता है — अधूरी बातें, अनकहे दुख, भूले हुए सपने। और धीरे-धीरे, यह शोर शांत होकर स्पष्टता में बदल जाता है।

आत्म-निरीक्षण हमें यह देखने में मदद करता है कि हम कहाँ से आए, किन अनुभवों से गुज़रे और आज किस मोड़ पर खड़े हैं। यह केवल आत्मालोचना नहीं, बल्कि आत्म-संवाद है — अपने ही मन से यह पूछना कि "तुम्हें सच में क्या चाहिए?"

ध्यान और आत्म-निरीक्षण दोनों मिलकर हमें यह एहसास कराते हैं कि जब हम रुककर भीतर की आवाज़ सुनते हैं, अपनी भावनाओं और चाहतों को समझते हैं, तो वही पल मन की वास्तविक तृप्ति का अनुभव कराता है।

यहीं से पता चलता है कि "मन की मन ही माहे रही" केवल सुनी जाने वाली आवाज़ नहीं, बल्कि जीने वाला अनुभव है।

कृतज्ञता (Gratitude) और करुणा (Compassion)

मन को पूर्णता तब मिलती है जब वह केवल पाने पर नहीं, बल्कि देखने और सराहने पर भी केंद्रित हो।

कृतज्ञता हमें यह याद दिलाती है कि जो कुछ भी हमें मिला है — लोग, रिश्ते, अवसर, अनुभव — वह सब किसी न किसी रूप में अनमोल उपहार है। जब हम हर

छोटे क्षण में आभार महसूस करना सीखते हैं, तो जीवन केवल अधूरा नहीं दिखता, बल्कि भरपूर दिखने लगता है।

पर कृतज्ञता अकेली काफी नहीं।

मन को संतोष तब मिलता है जब उसके भीतर करुणा भी हो — अपने प्रति भी और दूसरों के प्रति भी, क्योंकि बहुत बार हमारा अधूरापन केवल इसलिए गहरा हो जाता है कि हम खुद को या दूसरों को क्षमा नहीं कर पाते।

करुणा हमें सिखाती है कि हर कोई अपनी यात्रा पर है, हर कोई अपनी सीमाओं और संघर्षों के साथ जी रहा है। इसमें हम खुद भी शामिल हैं। जब हम करुणा के साथ दूसरों को देखते हैं, तो शिकायतें घटती हैं और जुड़ाव बढ़ता है। और जब हम करुणा अपने भीतर मोड़ते हैं, तो आत्मग्लानि पिघल जाती है और मन को आराम मिलता है।

कृतज्ञता हमें समृद्धि दिखाती है।

करुणा हमें अपनापन सिखाती है।

दोनों मिलकर हमें यह एहसास कराते हैं कि जीवन अधूरा नहीं, बल्कि गहराई से पूर्ण है।

मन की आवाज़ को जीने का संकल्प

ध्यान, आत्म-निरीक्षण, कृतज्ञता और करुणा हमें भीतर से साफ़ और हल्का बनाते हैं। लेकिन यात्रा तभी पूरी होती है जब हम उस भीतर की आवाज़ को केवल सुनें ही नहीं, बल्कि उसे जीने का साहस भी करें।

मन की आवाज़ अकसर बहुत सरल होती है — कभी वह कहती है "थोड़ा रुक जाओ", कभी "यह रिश्ता संभालो", और कभी बस "अपने आप से ईमानदार रहो"।

लेकिन जीवन की भीड़ और अपेक्षाओं के दबाव में हम इन पुकारों को टालते रहते हैं।

संकल्प का अर्थ है — अब और टालना नहीं।

संकल्प का अर्थ है — भीतर जो सच है, उसे जीवन में उतारना।

यह संकल्प किसी बड़ी घोषणा की तरह नहीं, बल्कि रोज़ के छोटे-छोटे चुनावों से शुरू होता है।

सच बोलने का चुनाव।

अपनी ज़रूरतों को स्वीकार करने का चुनाव।

रिश्तों में खुलेपन का चुनाव।

और सबसे बढ़कर — अपने मन को अनसुना न करने का चुनाव।

जब हम यह संकल्प लेते हैं, तो मन की यात्रा अधूरी नहीं रहती। वह भीतर की खामोशी से बाहर की दुनिया तक बहने लगती है और यहीं आकर "मन की मन ही माहे रही" नहीं रह जाती — बल्कि जीवन की हर धड़कन में जी उठती है।

निष्कर्ष

जीवन की यात्रा का सबसे गहरा उद्देश्य यही है कि मन अधूरा न रह जाए।

ध्यान और आत्म-निरीक्षण से हमने अपने भीतर झाँकना सीखा, कृतज्ञता और करुणा से वर्तमान और रिश्तों की कद्र करना सीखा, और संकल्प से अपने भीतर की आवाज़ को जीने का साहस पाया।

यही है पूर्णता — जब हम अपने भीतर की सच्चाई को जानकर, उसे स्वीकार कर और उसे जीकर शांति और संतोष का अनुभव करें।

यात्रा का समापन यहीं है, पर यह अंत नहीं है।

यह उस नए जीवन की शुरुआत है जहाँ "मन की मन ही माहे रही" नहीं रहती, बल्कि पूरी होती है।

कार्य चरण/ अगला कदम

1. दैनिक चिंतन अभ्यास
हर दिन 10 मिनट निकालें, सोचें या लिखें — आज आपने क्या सीखा? आज किस बात के लिए आप आभारी हैं?

2. करुणा विराम
जब किसी पर गुस्सा आए, एक पल रुकें और मन ही मन कहें: "वह भी अपनी जीवन-यात्रा पर है।" यह अभ्यास मन को नरम बनाता है।

3. भीतर की आवाज़ से साप्ताहिक संवाद
हर सप्ताह स्वयं से पूछें: "क्या मैंने इस सप्ताह अपने मन की आवाज़ सुनी और उसे जीवन में उतारा?"

4. अधूरेपन को पूरा करने की प्रक्रिया
कोई एक अधूरी बात, रिश्ता या काम चुनें। उसे पूरा करने की दिशा में एक स्पष्ट कदम उठाएँ — चाहे बातचीत करना हो, क्षमा माँगनी हो या किसी कार्य को समाप्त करना हो।

5. संकल्प स्मरण
एक छोटा वाक्य लिखकर ऐसी जगह लगाएँ जहाँ रोज़ नज़र पड़े, जैसे: "मैं अपने मन की आवाज़ को जी रहा हूँ।"

मनन वाक्य

"पूर्णता का अर्थ सब कुछ पा लेना नहीं, बल्कि जो है उसे प्रेम से जी लेना है।"

समापन की ओर

"मन की मन ही माहे रही" की यह यात्रा अब अपने अंतिम पड़ाव पर है। हमने इस सफ़र में जाना कि जब मन की आवाज़ अनसुनी रह जाती है, तो वह कैसे एक अदृश्य बोझ बन जाती है जो हमारी खुशी और शांति को छीन लेता है। हमने डर का सामना करना, रिश्तों की उलझनों को सुलझाना और काम, परिवार और खुद के बीच संतुलन बनाना भी सीखा।

लेकिन यह अंत नहीं, बल्कि एक नई शुरुआत है।

इस किताब का सबसे गहरा संदेश यही है कि पूर्णता का अर्थ सब कुछ पा लेना नहीं, बल्कि जो है उसे प्रेम से जी लेना है। जब आप अपनी भीतरी आवाज़ को सुनना शुरू करते हैं, अपने डर को स्वीकार करते हैं और छोटे-छोटे कदमों से आगे बढ़ते हैं, तो जीवन का हर पल एक उत्सव बन जाता है।

अब यह आप पर निर्भर करता है कि आप इस यात्रा को कहाँ ले जाते हैं। क्या आप फिर से पुरानी आदतों और अपेक्षाओं की दुनिया में लौट जाएँगे, या अपने मन की आवाज़ को अपनी ज़िंदगी का मार्गदर्शक बनाएँगे?

याद रखें, मन की यात्रा कभी पूरी नहीं होती। हर दिन एक नया अध्याय होता है, एक नई सीख होती है। सबसे ज़रूरी यह है कि आप हर पल अपनी भीतर की सच्चाई के साथ जीते हैं या नहीं।

"मन की मन ही माहे रही" सिर्फ़ एक किताब नहीं, बल्कि एक दर्पण है जो आपको आपकी असली पहचान दिखाता है। इसे बंद करके शेल्फ़ पर न रखें, बल्कि इसके सिद्धांतों को अपने जीवन में उतारें।

अपने भीतर की आवाज़ को सुनें, उसे जिएँ और अपनी यात्रा को अधूरा न रहने दें।

www.ingramcontent.com/pod-product-compliance
Lightning Source LLC
LaVergne TN
LVHW050939210926
848482LV00013B/677